Mãe Dinha

Maria do Carmo Galdino

Desenhos de Rubem Filho

MÃE DINHA ERA UMA AVÓ DIFERENTE.
PELE RELUZINDO TONS DE BRONZE.
OLHOS COR DA NOITE COM BRILHO DE ESTRELAS.

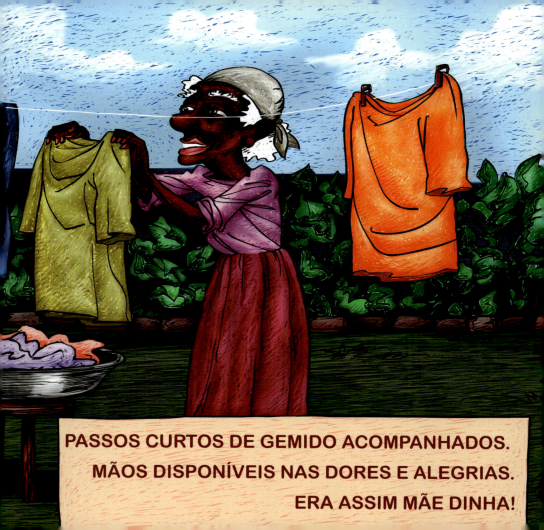

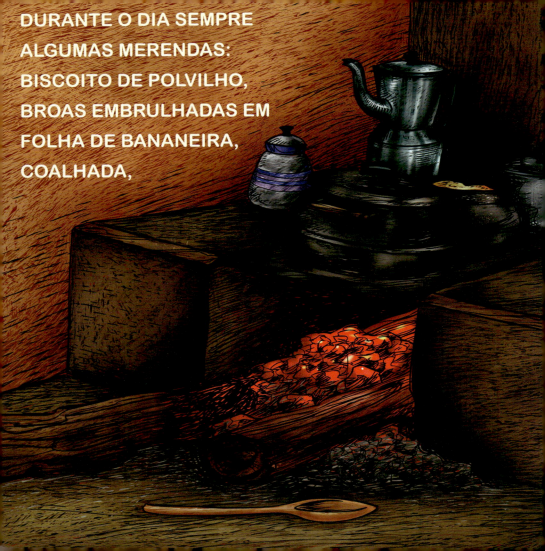

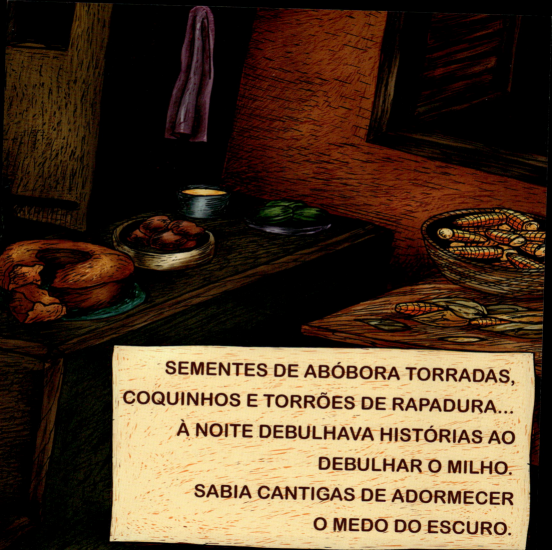

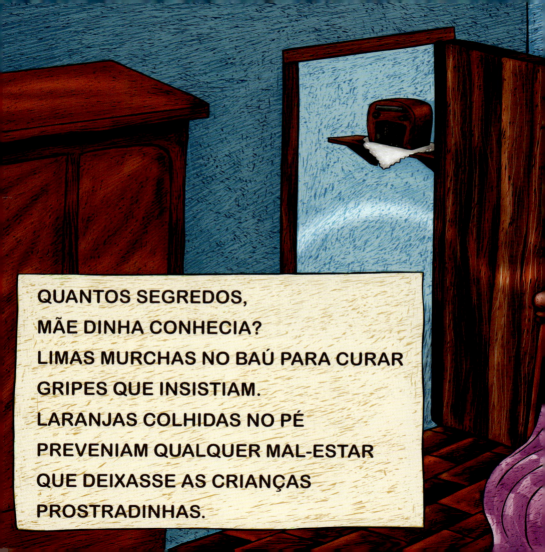

QUANTOS SEGREDOS,
MÃE DINHA CONHECIA?
LIMAS MURCHAS NO BAÚ PARA CURAR
GRIPES QUE INSISTIAM.
LARANJAS COLHIDAS NO PÉ
PREVENIAM QUALQUER MAL-ESTAR
QUE DEIXASSE AS CRIANÇAS
PROSTRADINHAS.

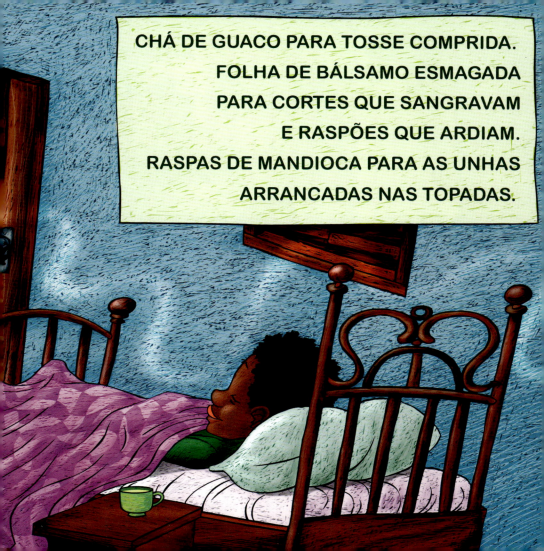

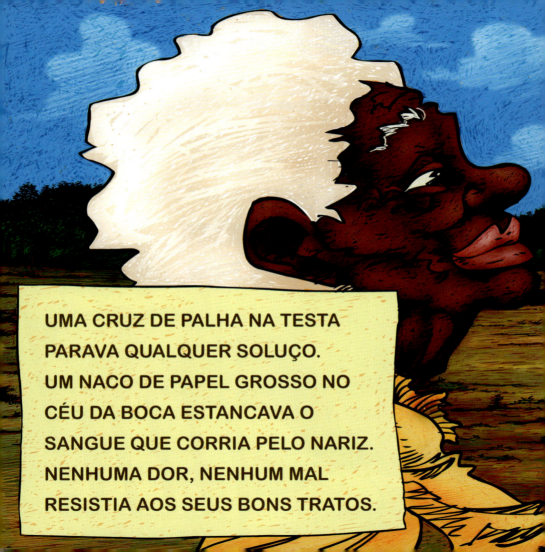

MÃE DE TODOS.
MADRINHA DE MUITOS.
MÃE DINHA TINHA CARINHOS ESCONDIDOS NOS BOLSOS DA SAIA.
CHISPAVA OLHARES PARA AS DESOBEDIÊNCIAS.
RIA SONOROS RISOS DA FALTA DE JEITO DOS PEQUENOS DIANTE DAS NOVIDADES DO MUNDO.

INVENTAVA BRINQUEDOS DE
COISAS NÃO BRINCÁVEIS:
DE SABUGOS DE MILHO FAZIA-SE BOIS,
CHUCHUS TORNAVAM-SE
DIFERENTES BICHOS.
PEDRINHAS PARA JOGAR CINCO MARIAS,
SEMENTES ACHATADAS, REDONDAS
E ESVOAÇANTES ERAM DIVERSÕES.

"Mulata a caminho do sítio para as festas de Natal" - Jean Baptiste Debret

Copyright © 2007 by Maria do Carmo Galdino.
Todos os direitos reservados.

Capa, ilustrações e projeto gráfico
Rubem Filho

Revisão
Ana Emília de Carvalho

2ª reimpressão - 2016

G149m   Galdino, Maria do Carmo
             Mãe Dinha / Maria do Carmo Galdino; desenhos de
         Rubem Filho. – Belo Horizonte : Mazza Edições, 2007.

         24 p.: il.; 15 x 15 cm. – (Coleção Griot Mirim; v.4)

         ISBN 85-7160-360-X (Coleção)
         ISBN 978-85-7160-407-0

         1. Literatura infantil. I. Rubem Filho. II.Título. III. Série

         CDD: 028.5

Produção gráfico-editorial

Mazza Edições Ltda.
Rua Bragança, 101 – Bairro Pompéia – Telefax: (31) 3481-0591
30280-410 Belo Horizonte – MG
e-mail: edmazza@uai.com.br
www.mazzaedicoes.com.br